CABALLEROS Y CASTILLOS

Philip Steele

susaeta

Título original: *Knights & Castles*
Publicado por primera vez por Kingfisher

Asesor: Jeremy Black, profesor de Historia,
Universidad de Exeter

Dirección editorial: Isabel Ortiz
Traducción: Fernando Valdés
Corrección: Equipo Susaeta
Ilustraciones: Steve Stone (representado por Artist Partners Ltd)
Otras ilustraciones: Thomas Bayley y Lee Gibbons

© Macmillan Children's Books
© SUSAETA EDICIONES, S.A.
Campezo, s/n – 28022 Madrid
Teléfono: 913 009 100
Fax: 913 009 118
ediciones@susaeta.com

CONTENIDO

EDAD MEDIA : *periodo histórico que abarca desde la caída del Imperio romano en el año 476 d. C. hasta 1492.*

La espada larga de doble filo era el arma más usada por los caballeros para eliminar a sus oponentes.

ACERO Y PIEDRA

Todavía hoy se mantienen en pie colosales castillos de piedra en Europa y Asia, aunque algunos están en ruinas. Estos enormes baluartes custodiaron pasos entre montañas, ríos, costas y ciudades desde la Edad Media. Nos recuerdan siglos de esfuerzo, guerra y conquista, cuando los caballeros acorazados eran los dueños y señores de los campos de batalla.

La mujer de la armadura

Los tapices y las pinturas medievales aportan información sobre los castillos y armaduras. Este tapiz muestra a Juana de Arco, una sencilla campesina francesa que, por inspiración divina, decidió alzarse en armas contra los ingleses que habían invadido Francia. En 1429, entró en comba vistiendo armadura completa, como un caballero.

> En España ha llegado a haber cerca de 10.000 castillos. Aproximadamente 2.000 perviven hoy en día.

Castillo de Loarre, en Aragón, España. Construido entre los años 1020 y 1200.

«Vos fuiste el más severo caballero para el mortal adversario que jamás [alzó] una lanza».

Sir Thomas Malory
Le Morte d'Arthur (La muerte de Arturo), 1485

La época de los caballeros

En el medievo, cada estamento cumplía su función. Los campesinos se ocupaban de la agricultura. Los mercaderes comerciaban con lana, vino, etc. La Iglesia predicaba la palabra de Dios, y la labor de los caballeros consistía en combatir a caballo. Pronto se hicieron poderosos y gozaron de fama como leales aliados o como fieros enemigos, como paladines del rey... o como traidores.

CABALLERO: *guerrero que servía a un noble durante la Edad Media y luchaba generalmente a caballo.*

LOS PRIMEROS CABALLEROS

En la antigüedad, la caballería (soldados a caballo) iba poco armada para moverse con rapidez. Pero también se empleó la caballería pesada (armada y acorazada) para aplastar las líneas enemigas. Durante la Edad Media este tipo de tropas cobraron mayor importancia en el arte de la guerra. Armados con espadas y protegidos por yelmos, estos fueron los primeros caballeros.

Valiente y audaz

Este cuenco persa de plata del año 400 d. C. muestra un rey montado a caballo y luchando con un león. Posteriormente, los monarcas de la Europa medieval se aficionaron a ser representados así.

Armados para la batalla

La caballería pesada fue empleada por los persas hace más de 1.400 años y también por sus enemigos, el Imperio bizantino.

Espada suiza, c. 1100

Poderosas espadas

La época dorada de los caballeros europeos va del año 1000 d. C. al 1400. Solían combatir desde la silla de montar o a pie, si habían sido descabalgados. Empleaban espadas, hachas y lanzas largas. Algunos usaban mazas: pesados garrotes metálicos con pinchos.

Rey cazando un león.

Espada italiana, c. 1400

⬤ UN APOYO FIRME

El estribo se inventó en Asia. En el año 700 d. C. se usaba ya en toda Europa. Permitía al jinete mantenerse firme en la silla y blandir con facilidad la espada. Este pequeño invento cambió el arte de la guerra para siempre.

Este estribo de bronce fue forjado en Asia hace más de 1.300 años.

> En Inglaterra los caballeros recibían el respetuoso título de «Sir».

Máscara de metal

Hacia el año 600 d. C., la mayoría de los guerreros llevaban simples yelmos de metal. Pero este, forjado para un rey anglosajón, está maravillosamente decorado con relieves que muestran escenas de batalla; además, tiene cejas, nariz y bigote de oro recubierto de bronce. La cresta (parte central del yelmo) culmina en dos cabezas de dragón con gemas rojas en los ojos.

El armazón del yelmo era de hierro forrado de cuero.

Hacha ceremonial germánica del siglo VI d. C.

Hierro con incrustaciones de plata

Armas de élite

Esta peculiar hacha perteneció a los francos, una tribu germánica. Durante la época de los caballeros, las armas eran importantes no solo como herramientas de combate, sino también como símbolos de poder y prestigio.

Réplica de un yelmo ceremonial de la Inglaterra de principios del siglo VI d. C.

LOS PRIMEROS CASTILLOS

CASTILLO: *fuerte cercado de murallas, baluartes, fosos y otras fortificaciones.*

Tierra, madera y piedra son los materiales usados para construir fortalezas a lo largo de la historia de la humanidad. Los grandes constructores de castillos durante el medievo fueron los normandos, descendientes de los vikingos, que se asentaron al norte de Francia en 911 d. C. Durante los siglos siguientes conquistaron parte de las islas británicas, Italia y Oriente, y construyeron castillos para defender sus tierras.

Torreones

Cuando los normandos decidían quedarse en las tierras conquistadas, reemplazaban los castillos de mota y bastida por torreones, que servían de fuerte a los señores locales. El castillo de Orford (arriba) en Suffolk, Inglaterra, fue construido entre 1165 y 1173.

Los castillos de mota y bastida estaban protegidos por murallas, cercas y zanjas. Este tipo de castillo podía levantarse en tan solo ocho días.

Bastida (área cercada)

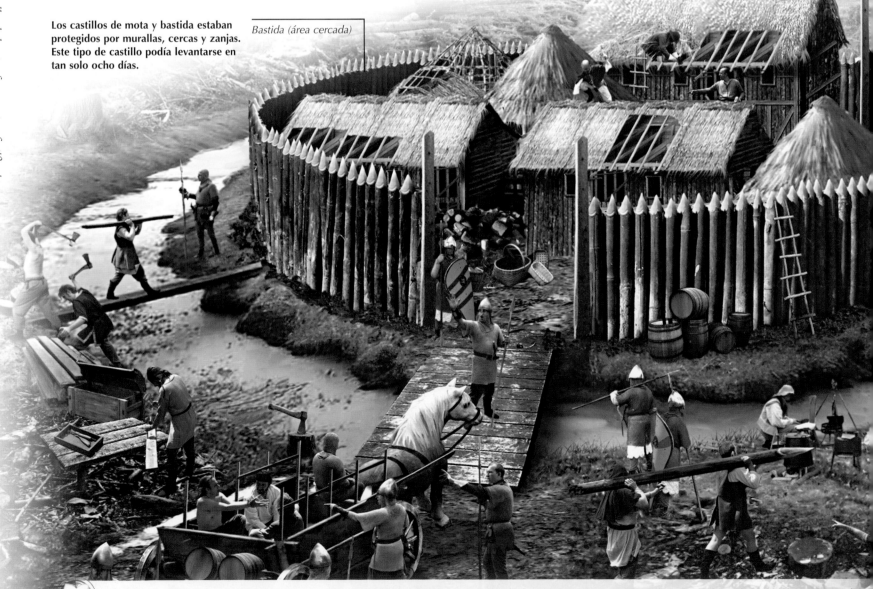

> Durante la conquista normanda, que comenzó en el año 1066, se construyeron unos 600 castillos de mota y bastida en Inglaterra y Gales.

«El obispo Odo y el conde William [...] construyeron castillos a lo largo y ancho de la tierra, oprimiendo a los pobres lugareños».

Un anglosajón describe a los normandos, 1067.

Mota y bastida

Cuando los normandos ocupaban territorio enemigo lo primero que hacían era levantar estos castillos temporales de madera, rodeados de una zanja. En un promontorio o mota, alzaban una torre. Debajo estaba el patio de armas, con varios recintos cercados. El castillo era protegido por soldados durante su construcción.

Los soldados obligaban a los lugareños a hacer la mayor parte del trabajo de construcción.

Montículo de tierra

Un foso rodeaba el castillo.

Gorro de malla o cofia

Yelmo con protección nasal

LA COTA DE MALLA

Los normandos, una vez instalados en el norte de Francia, enviaron sus tropas por Europa en los siglos XI y XII d. C. Invadieron el sur de Italia e Inglaterra. Los caballeros normandos juraban lealtad a su señor y recibían a cambio tierras y honores.

Los escudos normandos tenían forma de cometa y estaban hechos de madera y cuero.

La cota de malla era resistente pero flexible.

El tapiz de Bayeux

Este tapiz de 70 metros de longitud narra la historia de la conquista de Inglaterra por los normandos. Estos obtuvieron su victoria más famosa al derrotar a los anglosajones en Hastings, Inglaterra, en el año 1066. Aquí vemos cómo los normandos reciben armas y cotas de malla.

Cota de malla normanda

Los caballeros normandos de los siglos X y XI vestían cotas de malla. Para su confección se cortaban pequeños pedazos de alambre y se les daba forma de anilla. Cada anilla era enlazada a otras cuatro y asegurada con un cierre. La *hauberk* era una cota de malla de manga larga, que llegaba hasta las rodillas y que se llevaba sobre una túnica acolchada y unas media de malla llamadas *chausses* o calzas.

> Cerca de 6.000 guerreros –y más de 600 caballos– murieron durante la batalla de Hastings en el año 1066.

El gran yelmo

En 1250 los caballeros europeos llevaban todavía cotas de malla. Sobre la *hauberk*, superponían una túnica llamada sobreveste. En lugar del simple yelmo con protección nasal, muchos caballeros usaban el gran yelmo, que parece un cubo metálico con ranuras que permitían la visión.

«Podía verse la sangre fluyendo a través de la cota de malla, brotando de una herida causada por la afilada espada que blandía Dietrich».

Cantar de los Nibelungos, c. 1200

El gran yelmo cubría toda la cabeza. Por dentro estaba acolchado.

El guantelete protegía la mano que esgrimía el arma.

La hauberk pesaba cerca de diez kilos.

Desmontados por sendos lanzazos, dos caballeros cargan a pie contra el enemigo para entablar un combate cuerpo a cuerpo.

⊖ ARMAMENTO

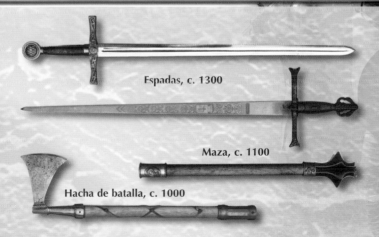

Espadas, c. 1300

Maza, c. 1100

Hacha de batalla, c. 1000

En el año 1000, la espada se usaba principalmente para cortar, pero hacia finales del siglo XIII, empezaron a ser diseñadas para perforar las armaduras y causar heridas mortales. Un golpe dado con una maza o un hacha de batalla podía romper la armadura y causar fortísimas heridas. Los caballeros debían emplear escudos para bloquear los golpes infligidos por estas armas.

LAS CRUZADAS

«[...] no quedaba sino un acre de tierra tras los templarios, tan cubierto de flechas sarracenas que no dejaban ver la tierra bajo ellas».

John de Johnville,
11 de febrero de 1250

En 1095, el papa Urbano II convocó a los caballeros cristianos de Europa a combatir contra los musulmanes, o sarracenos, que vivían en Tierra Santa (región ocupada ahora por Siria, Líbano, Israel, Palestina y Egipto). Una serie de salvajes batallas, conocidas como las Cruzadas o «guerras de la cruz» se sucedieron.

Un sarraceno luchando con su cimitarra y un escudo redondo. También usaban arcos y flechas.

⬤ ACERO CRUZADO

Espada, principios siglo XIV

Bracamarte, siglo XIII

Lanza, c. 1100

Mangual, siglo XVI

Yelmo, c. 1200

Entre las armas se incluían las espadas rectas y los bracamartes curvos y de un solo filo. El mangual era un asta con una bola de pinchos. Algunos yelmos del siglo XIII acababan en punta mientras otros eran planos.

> En España tuvo lugar la Reconquista, que pretendía expulsar a los musulmanes de la Península Ibérica.

Terribles batallas

Mientras los caballeros combatían entre el polvo y el calor, las ciudades eran conquistadas y sus habitantes masacrados. Si un caballero caía prisionero, se le retenía hasta que se pagaba un rescate. En 1204, los cruzados atacaron incluso a aliados cristianos, pues saquearon Constantinopla (actual Estambul). Abandonaron Tierra Santa en 1291.

El Krak de los Caballeros, en Siria, es uno de los más magníficos castillos construidos por los cruzados.

Este caballero templario lucía una cruz, símbolo de la fe cristiana.

ÓRDENES MILITARES

ORDEN MILITAR: *conjunto de caballeros cristianos que luchaban en nombre de Dios y al servicio de un monarca.*

Durante las Cruzadas algunos caballeros cristianos hicieron votos religiosos y formaron órdenes militares. En 1096, se fundó la Orden del Temple, cuyo objetivo era proteger a los peregrinos en Tierra Santa. La Hospitalaria data de 1113 y su misión era defender al pobre y al débil. Ambas órdenes ganaron prestigio en el campo de batalla.

Grabado del siglo XIV que muestra a un caballero templario.

Gran poder

Estos caballeros eran formidables guerreros que custodiaban los castillos de los cruzados en Tierra Santa. Pero las órdenes no solo eran fuerzas combativas: hospitalarios y templarios llegaron a ser oganizaciones muy ricas con gran poder político en Europa.

Los hospitalarios juraban sus votos sobre este crucifijo de plata con piedras preciosas.

Monjes guerreros

Estas órdenes tenían reglas estrictas y se esperaba de sus miembros que vivieran como monjes.

Caballero hospitalario, 1530

Murallas de Malta

Tras ser obligados a abandonar Tierra Santa, los hospitalarios se hicieron con varias islas estratégicas del Mediterráneo: Chipre en 1291, Rodas en 1309 y Malta (izquierda) en 1530.

⊖ SIGNO DE LA CRUZ

Templarios

Hospitalarios

Teutones

Tanto la Orden del Temple como la Hospitalaria tenían su propio emblema. El del Temple era una cruz roja sobre fondo blanco, mientras que el de los hospitalarios era una cruz blanca sobre fondo negro. Los teutones alemanes fueron otra orden cuyo emblema también lucía una cruz. Combatieron igualmente en Tierra Santa, pero luego operaron en Europa central y oriental, y en algunas zonas del Báltico.

Los templarios tomaron su nombre del Templo de Salomón en Jerusalén, ciudad sagrada para judíos, cristianos y musulmanes.

No es fácil para nadie hacerse a la idea del poder
y la riqueza de los templarios... pero ellos
habían construido castillos por todas partes».

Theoderich
Descripción de los santos lugares, c.1172

Castillo de Malbork, o
Marienburg, Polonia, construido
por los teutones en 1274.

Un caballero teutón
combate contra un
caballero polaco en
la batalla de
Grunwald, 1410.

Los caballeros teutones

Estos caballeros se convirtieron en la
mayor fuerza militar de Europa del
Este. Sin embargo, en 1410 el poderío
de la Orden Teutónica sucumbió:
fueron derrotados por los ejércitos
lituano y polaco en la batalla de
Grunwald, Polonia.

La maldición templaria

Los monarcas estaban celosos
de las riquezas y el poder
del Temple, especialmente
el rey Felipe IV de Francia.
En 1307 acusó a la Orden
de terribles crímenes. Los
templarios fueron
encarcelados y torturados,
y todos sus bienes
repartidos.

Estatua yacente de la
tumba de un templario en
la iglesia del Temple,
Londres.

CASTILLOS DE PIEDRA

«[...] hemos necesitado 400 albañiles y canteros junto a otros 2.000 obreros menos especializados, 100 carros, 60 carretas y 30 barcos para transportar piedra».

Maestro James de Saint George, arquitecto del castillo de Beaumaris, Gales, c. 1295

Los castillos de piedra pronto reemplazaron a los primitivos de madera. La ciudadela pasó a estar defendida por murallas internas y externas y, a veces, por un foso de agua cruzado por un puente levadizo. Hacia 1290, la rodeaba una serie de anillos defensivos. Estos castillos concéntricos (*véanse* los castillos de Caerphilly y Coca en el siguiente capítulo) permitían a los arqueros de las murallas altas interiores disparar sobre la cabeza de los que estaban apostados en muros externos más bajos.

CASTILLO CONCÉNTRICO: *tipo de castillo con muros defensivos dispuestos en forma de anillos concéntricos.*

⊖ HERRAMIENTAS

Contando únicamente con herramientas de metal y sus poderosos músculos, los obreros medievales eran capaces de construir un castillo. Los carpinteros serraban, mientras que los albañiles cincelaban la piedra y se aseguraban de que los muros fueran resistentes.

hacha de carpintero

sierra de mano

punzón

hacha de albañil

mazo

cincel

sierra de marco

Los andamios permiten a los albañiles construir la puerta fortificada.

Un soldado de escolta (protege a los obreros) practica el tiro al blanco.

El arquitecto se preocupa de los costes de la construcción.

Los bloques de piedra se transportan en carros tirados por animales de carga.

Esta grúa funciona impulsada por la rueda que hace girar un obrero andando en su interior.

Los muros de la gran torre del castillo de Flint, en Gales, eran de siete metros de grosor.

Los tejados se cubrían con pizarra (como se ve aquí) o con tejas de cerámica.

Los obreros

A menudo se empleaban miles de trabajadores. La madera se extraía de los bosques, y los obreros cavaban zanjas y levantaban andamios conforme el castillo empezaba a construirse. Para conseguir un único muro defensivo había que poner aparejo de mampostería y mortero (una mezcla de tierra, limo y agua) entre dos muros gemelos de piedra.

Las almenas tenían cañoneras desde las que disparar, y merlones donde guarecerse del fuego enemigo.

Las piedras se unían con mortero, hecho de tierra, limo y agua.

GRANDES CASTILLOS

En Europa y el oeste de Asia, los castillos han evolucionado a lo largo de la historia. Muchos fueron destruidos, pero otros sufrieron varias reformas. Los estilos constructivos varían con la época, y muchos castillos se ampliaron en distintos estilos. Estas enormes fortalezas aún hoy en día resultan sobrecogedoras.

Castillo de Coca, Segovia

Este castillo fue construido por Alonso de Fonseca durante el reinado de Enrique IV de Castilla. El arquitecto principal fue el mudéjar Alí Caro. El uso decorativo del ladrillo es propio del estilo mudéjar.

Este castillo concéntrico fue erigido a finales del siglo xv.

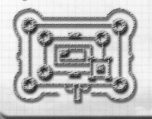

Hrad Rabí, República Checa

Este enorme castillo se encuentra en el antiguo reino de Bohemia y data del siglo XIII. Pudo haberse construido para proteger las rutas comerciales de la zona y la extracción de oro. Fue sitiado en 1421 y reconstruido posteriormente.

El tuerto general Zizka tomó el castillo de Rabí en 1421; aquello le costó el ojo que le quedaba.

Castillo Gaillard, Francia

Este castillo se alza majestuoso sobre el río Sena. Fue construido para el rey Ricardo I de Inglaterra, duque de Normandía. Su construcción duró solo un año (1197-1198). Tras un largo asedio, cayó a manos de los franceses en 1204.

Más de 6.000 trabajadores ayudaron a construir el castillo.

> Algunos de los castillos de piedra fueron originalmente pintados de blanco. Otros tenían impresionantes relieves.

El elaborado trabajo del ladrillo de las torres del castillo es típico del arte mudéjar.

Marksburg, Alemania

Los señores de este castillo se enriquecieron cobrando impuestos en el río Rin. Entre los años 1283 y 1479, la fortaleza fue reconstruida por los poderosos condes de Katzenelnbogen.

Los primeros escritos acerca del castillo datan de 1231.

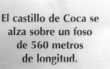

El castillo de Coca se alza sobre un foso de 560 metros de longitud.

Castillo Caerphilly, Gales, Reino Unido

El barón inglés Gilbert de Clare se apoderó de esta región de Gales en 1266. Para defenderla de los galeses, construyó este enorme castillo concéntrico de torreones gemelos rodeado de un enorme foso lleno de agua. Hoy, gran parte del castillo permanece inalterada.

Su construcción comenzó en 1268, pero fue atacado y dañado en 1270 antes de que se terminara. Fue reconstruido en 1271.

Alcázar de Segovia

En tiempos de los romanos se construyó aquí un fuerte, y un castillo (alcázar) fue erigido luego por los musulmanes. De 1100 a 1500 el alcázar fue reconstruido y ampliado por los reyes castellanos.

El alcázar tiene aspecto de proa de barco, con su torre más alta como mástil.

CASTELLANA: mujer del señor del castillo o castellano, que queda a cargo del castillo cuando su esposo no está presente.

LA VIDA EN EL CASTILLO

Los tiempos cambian

En la Alta Edad Media los castillos, construidos con fines bélicos, eran destartalados e incómodos. Hacia el siglo xv los señores deseaban vivir en hogares más lujosos, así que los castillos poco a poco se convirtieron en grandes palacios.

El castillo no solo era una fortaleza, también servía de hogar. Solía pertenecer a un poderoso señor, quien lo habitaba junto a su familia, el mayordomo (jefe del castillo), caballeros, soldados, recaudadores de impuestos, sirvientes, cocineros y cazadores.

Castellana

Cuando el señor estaba fuera, los asuntos del castillo los manejaba su mujer, la castellana. Ella guardaba las llaves y recorría la fortaleza a diario. Aquí la vemos en el gran salón dando órdenes a los sirvientes.

Capellán

El castillo tenía su propia capilla, a veces decorada con hermosas vidrieras. Tras el altar, el sacerdote oficiaba las misas, a las que acudían los caballeros antes de entrar en combate contra el enemigo.

Herrero

En la imagen, en una esquina del patio, el herrero martillea sobre el yunque para forjar o reparar herramientas de hierro, armas, cadenas, cubos, llantas de ruedas, herraduras, barras del rastrillo, etcétera.

prisión

1

almacén

taller

3

capilla

2

> Las letrinas eran unos asientos de piedra con un agujero desde donde caían las heces a un pozo de aguas residuales o al foso.

LEYENDA

LEYENDA

sótanos

planta baja

primera planta

gran salón

cocina

4

patio de armas

Las torres redondas requerían escaleras de caracol de piedra. Eran fáciles de defender, pero complicaban el trabajo de los sirvientes, que transportaban jarras de vino o cubos de agua.

salón privado

5

Los muros podían llegar a tener cinco metros de grosor en algunos puntos.

6 **dormitorio del señor**

letrinas

Sirvientes

Los sirvientes atendían al señor y a su esposa, recogían hierbas del jardín, preparaban la comida, lavaban la ropa, recogían agua del pozo y leña del patio. También hacían las camas, encendían antorchas, apagaban velas, barrían los suelos y limpiaban los establos.

4

El primogénito

5

En esta imagen el hijo primogénito del señor se entretiene con un juego de mesa en el salón privado de la familia, situado en la primera planta. En los fríos inviernos se calentaba por medio de una gran chimenea.

Señor del castillo

Abajo, el señor del castillo se retira a su habitación privada. Los dormitorios tenían pocos muebles en comparación con los actuales. La ropa de cama, los vestidos y los objetos de valor se guardaban en arcones. La cama con dosel protegía de las corrientes.

6

EL GRAN SALÓN

GRAN SALÓN: *era la mayor sala del castillo, normalmente usada como comedor y para grandes reuniones.*

El centro de reunión del castillo era el gran salón, una magnífica sala de grandes ventanales y techos de madera. De las paredes colgaban tapices y por el suelo se esparcían juncos de dulce aroma. Pese a que grandes maderos ardían en la enorme chimenea, solía ser frío en invierno.

«Cocer parcialmente los jarretes de venado en agua salada [...], hacer una masa de pastel e introducir la carne dentro. Sazonarlo con pimienta en grano, jengibre y sal. Introducirlo en el horno...»

Receta de pastel de venado, siglo XV

A los jóvenes se les enseñaba a poner la mesa como parte de su aprendizaje caballeresco.

Gran salón del castillo de Warwick, Inglaterra

Celebración de banquetes

En el siglo XV los modales en la mesa eran una parte importante de la vida cortesana. En la ilustración, las trompetas resuenan mientras las cortesanas sirven platos exquisitos. La música continuaba tras la cena, cuando a los trompetistas se les unían músicos con arpas, flautas y tambores.

El corazón del castillo

En la actualidad este gran salón de un castillo inglés alberga numerosas armas y armaduras. En el medievo los salones no eran meros lugares de fiesta y entretenimiento; servían también para acoger las reuniones del señor con sus caballeros para planear batallas y juzgar a los traidores.

⊖ EN LA COCINA

Un banquete noble incluía un sinfín de suculentos platos entre los que no podían faltar los asados. La carne se guisaba en calderos o se asaba en espetones. El pueblo hacía comidas más sencillas, como pan negro, caldo o gachas.

Faisanes asados con salsa

> Los cruzados trajeron consigo nuevas especias, hierbas y frutos secos procedentes de Tierra Santa.

Grandes banquetes

Alrededor de una gran mesa cubierta con el mejor lino, se reunían los invitados del señor en el gran salón. Las copas, cucharas y cuchillos eran de plata (los tenedores no se usaron hasta finales del medievo; antes, los comensales comían con las manos). El pueblo comía sobre tableros bajos de madera, sentados en bancos. Sus platos eran de madera o simples rebanadas de pan duro.

Juan de Gante (1340-1399), hijo del rey Eduardo III de Inglaterra, cena con el rey de Portugal y cuatro obispos.

Esta «tabla redonda» colgada en el gran salón del castillo de Winchester, Inglaterra, fue pintada en 1500 con los nombres de los míticos caballeros del rey Arturo.

CIUDADES AMURALLADAS

◁ CIUDAD AMURALLADA: *ciudad rodeada por una muralla.*

Muchos castillos medievales se erigieron sobre antiguas fortalezas, alrededor de las cuales se conglomeraba un burgo o ciudad. También en las tierras recién conquistadas ocurría lo mismo: se construía un castillo y una nueva villa surgía a su alrededor. Todo el conjunto se protegía con murallas y puertas fortificadas, que se unían a las defensas del castillo. El señor cobraba impuestos a los ciudadanos por su protección.

● NUEVAS CIUDADES

El rey estimulaba la creación de nuevas ciudades concediéndoles privilegios. Este sello de 1316 es de Conwy, una ciudad amurallada del norte de Gales.

carnicero descuartizando un venado.

caracoles

 > En el siglo XV muchos mercaderes y usureros comenzaron a ser más ricos que los señores.

Ciudad amurallada

Las fortificaciones de la ciudad amurallada de Carcasona, en el sudoeste de Francia, son de origen romano y visigodo. Sus descomunales defensas incluyen una doble muralla y 53 torres. Durante siglos, ha sido el escenario de batallas políticas y religiosas.

Fortalezas religiosas

La Europa medieval es famosa por sus grandes catedrales y abadías así como por sus castillos. Estas abadías también se defendían con grandes murallas. Los ingleses intentaron sin éxito conquistar la abadía de Monte Saint Michel (Normandía, Francia) de 1423 a 1424.

Monte Saint Michel está protegido tanto por el océano como por su muralla. Solo se puede llegar a pie cuando baja la marea.

pescadero con su mercancía

carro de panadero

Los mercaderes eran una parte muy importante en el día a día de las ciudades medievales.

Día de mercado

En la plaza solía asentarse el mercado. Aquí se comerciaba con todo tipo de mercancías: comida, ropa de lana, artículos de cuero... Había herreros, hojalateros, carreteros que hacían y reparaban ruedas, etc. También en estos burgos era posible encontrar posadas que vendían vino y cerveza, y donde el viajero y su montura podían descansar.

TIERRAS DE LABOR

Un señor (o el propio monarca) concedía a otro señor un castillo y las tierras circundantes a cambio de su voto de lealtad. Los caballeros juraban vasallaje al señor y este prometía protegerlos a ellos y a sus tierras. El tercer estamento (los campesinos) tenían pocos derechos. A muchos les estaba prohibido mudarse o desempeñar otro trabajo.

Vestido de corte del siglo XV

Festividades paganas

Las festividades paganas en la Edad Media estaban muy ligadas a la agricultura y el paso de las estaciones. La llegada de la primavera se celebraba con bailes y festejos al aire libre.

«El mayordomo ha de ver y saber cómo son cultivadas [las tierras], y qué cultivos se siembran, y cómo los [...] bueyes, vacas, ovejas y cerdos son mantenidos y alimentados...».

Walter de Henley
Le Dite de Hosebondrie, c. 1280

La cosecha

Abajo, hasta donde llega la vista se extienden las tierras del castillo, gobernadas por el señor. Este cobra impuestos a los campesinos por usar el molino, talar la madera de sus bosques, etc. Además, aquellos deben proveer de alimentos al castillo y a la iglesia. Aquí vemos a los campesinos cosechando y esquilando ovejas.

> Las tierras próximas al castillo eran reservadas para uso y disfrute del señor.

El arado

Fuertes bueyes se usaban para tirar de carros y arados. Los campos se cultivaban en hileras pero sin surcos y el ganado pastaba en las zonas comunes.

Cuatro estaciones

En el otoño, justo después de arar, la tierra se gradaba (allanaba) (abajo a la izquierda). Luego se esparcían las semillas a mano (abajo a la derecha). De la cosecha dependía la vida de los campesinos, por lo que trabajaban duramente.

Los cetreros

Muchos nobles eran aficionados a la cetrería, que era el arte de criar y domesticar aves de presa para la caza. Los halcones, por ejemplo, capturaban pequeños animales como faisanes, conejos y patos. La caza con perros era también muy popular.

La cetrería era una actividad ceremoniosa para la que los nobles se vestían con sus mejores galas.

EL ASEDIO

El ejército que pretendía conquistar una región debía capturar los castillos de la zona y los burgos. Los soldados cercaban las murallas y cortaban el abastecimiento de víveres: realizaban un asedio. El objetivo era rendir el castillo con el menor daño posible. Si esto fallaba, los asaltantes trataban de escalar los muros, derribarlos o socavarlos.

Asalto final

En la imagen, los asaltantes ya han dejado sin víveres al castillo. Pero sus espías les han informado de que llegan refuerzos del otro bando. No hay tiempo que perder. Lanzan un ataque desesperado con grandes catapultas, arietes y torres de asedio. Comienzan a llover flechas sobre el castillo.

Se usaban diferentes tipos de catapulta para arrojar proyectiles contra los muros y almenas. Los cañones aparecieron hacia el año 1340.

Mangonel (versión medieval del onagro romano)

pavés (escudo protector)

Fundíbulo (una catapulta con contrapeso)

ASEDIAR: *rodear un castillo con el fin de rendirlo, cortándole el suministro de alimentos y agua.*

> Los franceses acabaron con el asedio del castillo Gaillard en 1204 arrastrándose por los desagües de las letrinas.

Presenciar la sola
construcción de las
torres de asedio junto
a las murallas
amedrentaba
a los sitiados.

Escala

Ariete con techo
protector

LA DEFENSA

Los castillos estaban diseñados para la defensa.
Con algunas reservas de provisiones y agua, una
pequeña guarnición podía aguantar meses un
asedio, protegidos por los enormes muros, torres,
fosos y merlones. El peligro lo representaba la
existencia de traidores,
–que dejaban entrar al enemigo–, la
hambruna o la enfermedad.

A los muros se fijaban galerías de madera desde donde los asediados podían disparar flechas o arrojar rocas.

MATACÁN: *estructura voladiza sobre el muro, la puerta o la muralla del castillo desde donde se hostiga al enemigo.*

⊜ DEFENSA DE LAS PUERTAS

Los rastrillos (rejas de madera y hierro) se
bajaban no solo para defenderse, sino también
para atrapar al enemigo entre el portón y el
rastrillo, y arrojarle flechas y lanzas.

Piedras, agua o aceite hirviendo, incluso
arena caliente, puede arrojarse a los
asaltantes desde lo alto del matacán
a través de sus temibles orificios.

Hasta el último hombre

En la imagen, los atacantes irrumpen
como un enjambre tras romper el portón
de entrada. Las plataformas defensivas
de los asediados, construidas sobre los
muros y las torres, han sido incendiadas
o destruidas por las catapultas enemigas.
Los defensores tratan entonces de
realizar un contraataque a la
desesperada sobre el campamento
enemigo.

 > En el asedio de Caffa (1346), los mongoles catapultaron cadáveres por encima de las murallas para propagar enfermedades.

Un defensor se prepara para arrojar aceite hirviendo sobre los asaltantes.

Puerta fortificada

Víveres y provisiones destruidos por el fuego.

El humo dificulta la visión de las tropas.

LA ARMADURA

La cota de malla podía ser perforada por una flecha o una lanza arrojadas con puntería, así que después de 1220 los caballeros comenzaron a usar una nueva armadura. Protegían parte de su cuerpo con placas metálicas. Con los años, se fueron añadiendo más placas. En 1400 todo el cuerpo estaba cubierto ya de metal.

ARMADURA DE PLACAS: armadura protectora hecha con placas metálicas.

Herreros

Aquí vemos a un herrero confeccionando una armadura. Cada ciudad identificaba las armaduras que allí se hacían con una marca. Los lugares de más renombre eran Milán, en Italia, y Augsburgo y Nuremberg en Alemania. Las armaduras más caras eran las hechas a medida.

Las placas metálicas de las armaduras del siglo xv eran independientes pero se unían con tiras de cuero, lo que las hacía flexibles y permitía el movimiento durante el combate.

● YELMOS

El «sallet» fue un casco usado desde 1430 hasta 1500. Normalmente se usaba también una babera, que protegía el cuello y la mandíbula.

Sallet

El yelmo fue usado desde 1200. De 1390 a 1450, se le añadió una celada apuntada que protegía el rostro. Su forma puntiaguda estaba diseñada para desviar los golpes dirigidos a la cabeza.

Visor

Orificios para respirar

Yelmo con celada

Cota de malla

Armaduras relucientes

Hacia 1400 la armadura de placas ofrecía gran protección al caballero. Las mejores eran las hechas a medida para reyes o príncipes, y costaban una fortuna. Sin embargo, podían llegar a ser perforadas por saetas de punta metálica disparadas por una ballesta o sajadas por feroces mandobles de una potente espada.

Caballero en 1425; lleva una mezcla de malla y armadura de placas.

babera

hombrera

Guantelete

Muslera

Este caballero de 1475 y su montura llevan solo armadura de placas.

Rodillera

Greba

«¡Un caballo! ¡Un caballo! ¡Mi reino por un caballo!».

Escarpín

El rey Ricardo III se lamenta tras haber muerto su caballo en combate.
Ricardo III, William Shakespeare, 1591

Guantelete

Los primeros caballeros protegían las manos con mangas largas de malla. En 1300 se empezaron a juntar placas para cubrirlas hasta la muñeca. El guantelete se llevaba encima de un guante de cuero.

LA BATALLA

Los caballeros entraban en combate a lomos de su caballo de batalla. El objetivo era derribar con las lanzas a la caballería enemiga y luego atacar a la infantería con espadas y mazas. La infantería trataba de desmontar a los caballeros usando largas picas. El arco largo, utilizado a partir de 1300, disparaba mortales andanadas que mataban a los caballos y amedrentaban al enemigo.

Barro y sangre

Tras la carga había confusión, terror y desesperación en el combate cuerpo a cuerpo. La victoria se decidía muchas veces por las condiciones ambientales o la elección del campo de batalla. La sangrienta batalla de Poitiers fue una de las que se libraron durante el conflicto entre franceses e ingleses conocido como la Guerra de los Cien Años (duró realmente de 1337 a 1453).

CABALLO DE BATALLA: *un tipo de caballo, como el potente destrero, que era criado y entrenado para la batalla.*

> En la batalla de Poitiers (1356), los ingleses contaban con 2.000 arqueros y los franceses con 3.000 ballesteros.

⊖ BALLESTAS Y SAETAS

Las ballestas eran arcos pequeños montados sobre un armazón. Muy potentes, disparaban unos proyectiles pequeños y pesados llamados saetas. Pero necesitaban ser recargadas y tenían una cadencia de tiro menor que los arcos (eran más lentas).

Las ballestas de acero se usaron desde 1300.

Por el campo de batalla se arrojaban abrojos punzantes para dañar las pezuñas de los caballos. Estacas de madera afiladas (*véase* abajo) se usaban también para detener a la caballería.

Abrojo de cuatro puntas

Eduardo, el Príncipe Negro, anima a la tropa inglesa.

vero   **armiño**   **faja**   **palo**   **banda**   **barra**

HERÁLDICA

El sistema feudal se basaba en las lealtades personales. Los caballeros rendían pleitesía a individuos o familias antes que a una nación. Se empezaron a utilizar emblemas personales o muebles (figuras) sobre escudos, sobrevestes, arreos de caballos y pendones, siempre respetando las estrictas leyes de la heráldica.

Patrones y reglas

Las reglas de la heráldica detallan los colores que se usan, las piezas básicas y los muebles que representan objetos materiales, vegetales, animales o seres fantásticos. Los blasones se siguen utilizando hoy en día por todo tipo de organizaciones y todavía se aplican las mismas reglas.

Heraldo

Los heraldos lo sabían todo acerca del diseño de escudos, del arte de la guerra y de los torneos. Discutían los términos del enfrentamiento con el enemigo e identificaban a los caballeros muertos en combate.

tabardo

Heraldo francés, c.1400

⊖ PARTES DE UN ESCUDO

jefe

diestra (derecha del portador)

siniestra (izquierda del portador)

campo (fondo)

mueble (figura)

punta

Este escudo representa al Sacro Imperio Romano, que gobernó grandes zonas de Alemania, Europa central e Italia. Muestra el mueble (figura o emblema) de un águila con las alas desplegadas. El águila es color sable (negro) sobre campo de oro con lengua de gules (roja).

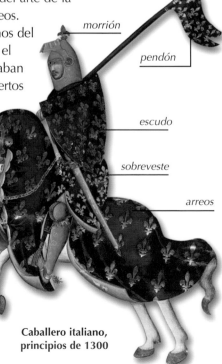

morrión

pendón

escudo

sobreveste

arreos

Caballero italiano, principios de 1300

Identificación en la batalla

Durante las batallas o los torneos los caballeros iban cubiertos con la armadura de los pies a la cabeza. Los emblemas servían para distinguirlos entre sí; se les llamó blasones o escudos de armas.

> Los monstruos míticos se usaban mucho en los escudos, sobre todo los dragones y los grifos.

chevrón

palio

jefe

cruz

aspa

pila

La Casa de Plantagenet

Una familia gobernante es conocida como una dinastía o casa. Esta, en concreto, procede de Anjou, Francia, y reinó sobre Normandía, Inglaterra, Jerusalén, Gascuña y Aquitania. La casa se conoció como Plantagenet porque su fundador, Godofredo V de Anjou (1113-1151), llevaba siempre en el sombrero una ramita de retama (en francés *plante genêt*).

El rey Ricardo I de Inglaterra (1157-1199) era nieto de Godofredo de Anjou. En las Cruzadas se ganó el sobrenombre de Corazón de León. En su escudo se podían ver tres leones.

Rey Ricardo I, Corazón de León

Cuatro generaciones después, Eduardo III (1312-1377) reclamó el trono de Francia y combinó (en cuartos) los leones del escudo de armas inglés con la flor de lis francesa.

Rey Eduardo III

El hijo mayor de Eduardo III fue Eduardo, el Príncipe Negro (1330-1376). Su escudo tenía un lambel plata para simbolizar que era el hijo del rey. Nunca llegó a reinar.

El tercer hijo de Eduardo III fue Juan de Gante (1340-1399). Tras emparentar con la familia real de Castilla volvió a combinar los blasones e incluyó el castillo y el león en su escudo de armas.

Eduardo, el Príncipe Negro

Juan de Gante

TORNEOS

Los caballeros necesitaban practicar sus habilidades de combate. Se celebraban combates en masa así como enfrentamientos trepidantes entre dos caballeros conocidos como justas. Pronto estas celebraciones llamadas torneos se hicieron populares y era donde los caballeros demostraban su bravura y nobleza.

El galanteo
El caballero podía brindar la justa en que iba a participar a una dama de la corte sentada en el graderío.

JUSTA: *competición entre dos caballeros a caballo armados con lanzas.*

> En 1179, cerca de 3.000 caballeros tomaron parte en un torneo en el norte de Francia organizado por el rey Luis VII.

¡A toda velocidad!

En el siglo xv la justa más en boga enfrentaba a dos caballeros separados por una valla que espoleaban sus monturas a toda velocidad con el objetivo de desmontar al oponente de un lanzazo. Las lanzas tenían las puntas romas, pero se usaban armadura y escudo porque aun así podía haber heridos.

Celebración de un torneo en un castillo alemán en torno a 1400

CURIOSOS REGALOS

Este cómico yelmo fue regalado al rey Enrique VIII de Inglaterra por el emperador Maximiliano I. Estaba destinado a ser usado en los desfiles que tenían lugar durante el torneo.

cuernos grotescos

anteojos de latón

Este yelmo fue forjado en Austria entre 1512 y 1514.

CÓDIGO DE HONOR

Desde el siglo XII en adelante, se esperaba que los caballeros europeos fueran honorables y se ajustaran a las enseñanzas cristianas. Debían ser corteses, gentiles, nobles y que protegieran al débil de los abusos del fuerte. Este código de honor se denominó código caballeresco. Se han escrito hermosos poemas basados en ideales caballerescos, pero la realidad fue bastante diferente.

El Príncipe Negro

Eduardo, el Príncipe Negro (1330-1376), era llamado así por el color de su armadura. El hijo del rey Eduardo III fue conocido por su caballerosidad en el campo de batalla y por tratar al enemigo con respeto. Fue menos caballeroso con los campesinos, a los que obligaba a pagar elevados impuestos además de incendiar sus aldeas durante la guerra.

Tumba del Príncipe Negro

Ser armado caballero

Arriba, en 1415 en Alemania, Heinrich von Ulm es nombrado caballero por el emperador Segismundo; para ello, debía tocarle con el filo de la espada los hombros. A esta ceremonia le precedía una noche entera durante la cual el aspirante debía velar sus armas y rezar.

● DE PAJE A ESCUDERO

Un caballero francés del siglo XIV es atendido por su escudero.

Un niño podía entrar como paje en un castillo a los siete años de edad. Allí aprendía buenos modales y habilidades castrenses. A los catorce se convertía en escudero para asistir al caballero en la batalla. Una vez que había entrado en combate podía llegar a ser caballero.

Enamorado del amor

Los caballeros se enamoraban de la idea
del amor. Los poetas escribían acerca de
caballeros que ansiaban el amor de una
pura y noble dama que muchas veces no
conocían en persona, era el amor
de lohn o de oídas. Este amor puro o
cortés nada tenía que ver con la pasión
ni con el matrimonio.

Amor... ¡o muerte!

Este escudo del siglo xv fue
diseñado más para desfiles que
para el combate. Muestra a un
caballero cortejando a una dama.
Este le asegura que si no
corresponde a su amor, la muerte
se lo llevará de este mundo.

*Pintura francesa,
1475*

*Noble dama
en su castillo*

*Un caballero se
arrodilla ante ella
ofreciéndole su amor.*

Un anillo para el campeón

Arriba, el ganador de un torneo recibe como
premio un anillo de manos de una dama de
la corte. Lleva su espada y sus espuelas,
símbolos de caballerosidad, y blande una
lanza. Conforme la Edad Media llega a su
fin, los torneos fueron el único resquicio que
quedó del código caballeresco.

La torre del homenaje del castillo de Mértola, Portugal, fue construida en 1292.

Demasiado caro de mantener, la techumbre y los muros se empezaron a derrumbar por el efecto de la lluvia y el viento.

PALACIO: *residencia grande y lujosa de un rey o un noble.*

El caballero, antes leal a su señor, ahora ha de ser leal a su nación.

EL PRINCIPIO DEL FIN

Hacia 1500, la época de los caballeros y los castillos tocaba a su fin. Persistía el interés por la caballería y los torneos, pero la aparición de la pólvora cambió para siempre el arte de la guerra. La sociedad tampoco era la misma. Los reyes disfrutaban mostrando sus palacios y ciudades, y preferían tener a los nobles en la corte a su lado que en remotos castillos donde podían fraguar rebeliones contra su poder.

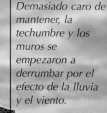

> Muchos castillos se destruyeron cuando los habitantes de la zona emplearon sus piedras para construir con ellas.

El poder del cañón

Muchos de los últimos grandes ataques a castillos tuvieron lugar durante la Guerra de los Treinta Años (1618-1648) y la guerra civil inglesa (1642-1646). Los cañonazos eran capaces de reducir a escombros cualquier castillo.

Los cañones usaban la pólvora para disparar balas de piedra a larga distancia; al poco tiempo fueron sustituidas por las de hierro.

Un mosquetero es un soldado armado con un mosquete, un arma de fuego de canon largo que se dispara desde el hombro.

LA ERA DE LA PÓLVORA

En los siglos XVI y XVII surgieron armas de fuego manuales de gran importancia. Las pistolas eran pequeñas y ligeras, lo que dotaba de movilidad al ejército. Las armaduras se aligeraron para no abrumar con su peso a los soldados. La caballería ligera vestía una media armadura menos voluminosa, que protegía solo el tronco y los muslos.

Peto metálico con escarcelas (protecciones para los muslos), c. 1575

Mosquete de mecha inglés, c. 1640

Pistola de rueda alemana, c. 1580

Pistola de rueda alemana, c. 1640

Caballeros actuales

En algunos países han pervivido las órdenes militares y se nombra caballero a los ciudadanos más sobresalientes. Arriba, congregación de caballeros modernos en el palacio de Windsor, Inglaterra.

GLOSARIO

almenas

Parte superior de las murallas. Las secciones elevadas se denominaban merlones y las bajas, cañoneras.

anglosajón

Perteneciente a uno de los pueblos germánicos que invadió Inglaterra durante el siglo V d. C.

arreos

Atavío de tela que vestía la montura de un caballero.

asedio

Intento de rendir un castillo o una ciudad rodeándolo, cortándole el suministro de víveres, las comunicaciones y tomándolo al asalto si era necesario.

caballería

Todos los soldados que combatían a caballo. Podía ser ligera o pesada, como era el caso de los caballeros medievales.

cantera

Lugar del que se extraen las piedras que, luego de ser transportadas hasta el castillo, recibían la forma precisa y eran usadas para erigir las murallas.

cañonera

Sección baja de las almenas desde la cual un arquero podía disparar flechas a los asaltantes.

castillo concéntrico

Tipo de castillo con muros defensivos dispuestos en forma de anillos concéntricos en torno a un punto central.

fuerte

Edificio diseñado para usos militares defensivos más que para ser un hogar.

grifo

Bestia mítica con cuerpo y cuartos traseros de león; cabeza, alas y cuartos delanteros de águila, y cola de serpiente.

Imperio bizantino

Originalmente se trataba del Imperio romano de Oriente, cuya capital era Constantinopla (actual Estambul). Sus ejércitos desarrollaron el uso de caballería pesada al comienzo de la Edad Media.

Imperio romano

Tierras bajo dominio romano durante el periodo anterior a la Edad Media.

Incluía gran parte de Europa occidental y oriental, Asia oriental y el norte de África.

impuesto

Pago en bienes o dinero que había de hacerse a los señores del lugar.

judío

Aquel que profesa el judaísmo. Los primeros pueblos judíos provenían del oeste de Asia.

lanza de caballería

Un tipo de lanza larga diseñada para derribar enemigos al suelo. Los caballeros la usaban cuando cargaban a caballo.

mayordomo

Oficial que dirigía el día a día y los asuntos del castillo.

medieval

Que data o es relativo a la Edad Media.

merlón

Sección alta de las almenas desde la cual un arquero podía resguardarse de los proyectiles disparados por el enemigo.

monasterio

Edificio donde los monjes viven, trabajan y rezan.

musulmán

Aquel que profesa la religión islámica. Durante la Edad Media los musulmanes vivían en Asia occidental, norte de África y sur de España.

noble

En la Edad Media, aquel que pertenecía al estamento de la nobleza.

persa

Habitante de Persia (lo que en la actualidad es, aproximadamente, Irán).

pica

Lanza larga usada por la infantería contra la caballería en el siglo XV.

rastrillo

Pesada reja de madera y hierro diseñada para ofrecer una protección extra al portón del castillo en caso de ataque.

romanos

Ciudadanos de la antigua Roma.

sistema feudal

Organización política y social en la que se concedían tierras a cambio de juramentos de lealtad.

sobreveste

Túnica que llevaban los caballeros sobre la armadura.

tapiz

Tela tejida a mano con patrones, escenas cotidianas o históricas que solía colgarse de las paredes en los castillos.

Tierra Santa

Zona de Asia occidental considerada sagrada por musulmanes, judíos y cristianos.

torre del homenaje

Torre central de un castillo, de gruesos muros.

traidor

Aquel que, al romper el voto de lealtad, traiciona a su señor.

vasallaje

Voto de lealtad hacia un señor.

vikingos

Guerreros medievales oriundos de Dinamarca. Los normandos que vivían en el norte de Francia descendían de los vikingos.

yunque

Pesado bloque de hierro sobre el que el herrero martillea el metal al rojo para darle la forma requerida.

ÍNDICE

INVESTIGA

Amplía tus conocimientos sobre los caballeros y la vida medieval consultando libros, buscando en internet y visitando castillos y museos.

Manuscrito del siglo xv

Manuscritos

Los manuscritos miniados están llenos de historias, poemas y canciones sobre caballeros y batallas, y los documentos oficiales dan pistas sobre la vida medieval.

El Cid Campeador, ilustraciones de Antonio Albarrán, Susaeta Ediciones, S. A., Madrid

Biblioteca Nacional, P.º de Recoletos 20-22, 28071 Madrid

http://www.facsimilia.com/ (Amplia información sobre los códices medievales).

Tapiz que representa la vendimia.

Arte medieval

Visita un museo en busca de tapices o pinturas medievales; descubrirás cómo vestían, qué armas empleaban y con qué se entretenían.

Historia universal del arte (capítulos 15-27), Mary Hollingsworth, Susaeta Ediciones S. A., Madrid

Museo Nacional del Prado, Calle Ruiz de Alarcón, 23, 28014 Madrid

www.artehistoria.jcyl.es/genios/estilos/ (En el apartado «Galería» se ofrecen imágenes de los cuadros más representativos de cada época histórica).

Iglesia del Temple, Londres

Castillos e iglesias

Algunos castillos ofrecen representaciones medievales con torneos y batallas, y muchas iglesias albergan tumbas de caballeros. Mira siempre hacia arriba: los blasones suelen estar en lo alto de los muros y techos.

Restos de tierra quemada encontrada entre las ruinas de un castillo; indica que aquí tuvo lugar un asedio.

El mundo de los castillos, Philip Steele, editorial Zendrera Zariquiey, Barcelona

Catedral de Burgos, Plaza de Santa María s/n, 09003 Burgos

www.castillosasociacion (Ofrece imágenes de castillos, un glosario, y enlaces de interés).

Arqueología

En las excavaciones hechas en un castillo pueden salir a la luz cerámicas, balas de c armaduras o incluso esqueletos. Ponte en contacto con asociaciones de jóvenes arqueólogos para participar en una.

La caballería, Maurice Keen, Editorial Ariel, S. A., Barcelona

Alcázar de Segovia, Plaza Reina Victoria Eugenia s/n, 40003 Segovia. (Alberga interesantes armaduras ecuestres y una completa sala de armas).

www.um.es/ajaha/actividades/ (Asociación juvenil de amigos de la historia y la arqueología; está dirigida a estudiantes universitarios).